내일은
결혼

내일은 결혼

2018년 3월 15일 1판 1쇄 인쇄
2018년 3월 23일 1판 1쇄 발행

지은이 권도헌
그린이 김효진
펴낸이 이상훈
펴낸곳 책밥
주소 03986 서울시 마포구 동교로23길 116 3층
전화 번호 (070) 7882-2400
팩스 번호 (02) 335-6702
홈페이지 www.bookisbab.co.kr
등록 2007.1.31. 제313-2007-126호

기획 기획1팀 남궁송이, 웨딩1번지 유미성
진행 기획1팀 남궁송이
디자인 디자인허브 한정수

ISBN 979-11-86925-35-5 (17380)
정가 16,000원

저작권자나 발행인의 승인 없이 이 책의 일부 또는 전부를
무단 복사, 복제, 전재하는 것은 저작권법에 저촉됩니다.

책밥은 (주)오렌지페이퍼의 출판 브랜드입니다.

이 도서의 국립중앙도서관 출판예정도서목록(CIP)은 서지정보유통지원시스템 홈페이지(http://seoji.nl.go.kr)와 국가자료공동목록시스템(http://www.nl.go.kr/kolisnet)에서 이용하실 수 있습니다.(CIP제어번호: CIP2018007318)

권도헌 지음 · 김효진 그림

책밥

머리말

결혼준비를 앞두고 무엇을 해야 하고, 어떻게 할지 몰라 망설이는 예비부부가 참 많습니다. '결혼준비를 시작하면 으레 상대방과 한 번씩은 싸운다.'라는 말도 있듯이 결혼준비는 감정 소모도 큰 과정입니다. 이때껏 많은 예비부부를 지켜보면서 결혼준비를 괴롭고 복잡하게 여기는 모습이 너무 안타까웠습니다. 그래서 '어려운 결혼준비 과정을 쉽고 재미있게 풀어낼 방법은 없을까?'라는 고민을 안고 웹툰 연재를 시작했습니다.

이 책에서는 상견례와 웨딩드레스가 결혼준비의 전부라고 생각해 온 주인공 명랑이와 무심이가 결혼을 준비하며 하나둘 알아 가는 정보를 만화에 녹여냈습니다. 꼭 알려 드리고 싶은 정보는 자투리 토크, 웨딩 토크와 같이 별면으로 구성해 실었습니다. 정보뿐만 아니라 명랑이와 무심이의 소소한 연애 에피소드도 담았으니 따뜻한 마음으로 재미있게 보셨으면 좋겠습니다. 이 책이 결혼준비의 모든 것을 담았다고 말할 수는 없습니다. 하지만 책에서 제시하는 큰 틀을 참고하여 차근차근 준비한다면 행복한 결혼을 준비할 수 있지 않을까 조심스레 기대해 봅니다.

이 책이 세상으로 나오기까지 많은 분의 도움이 있었습니다. 웹툰 〈어메이징 결혼이야기〉를 연재할 수 있게 도와주신 웨딩1번지의 유미성 대표님, 정보를 제공해 주신 웨딩1번지 김은지 웨딩플래너님, 펜타리움 안지선 실장님과 그 외 업체 담당자에게 감사의 말씀을 전합니다. 그리고 책의 완성에 힘써 주신 책밥 출판사와 남궁송이 편집자님, 언제나 응원을 아끼지 않는 사랑하는 우리 가족, 귀리 집사, 친구와 동료들 모두에게 고맙습니다. 마지막으로 결혼준비를 위해 이 책을 펼쳐 든 독자님의 결혼을 진심으로 축하드리고 저희들의 뜻깊은 첫 단행본을 읽어 주셔서 감사합니다.

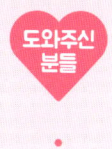

스드메

웨딩1번지(김은지 웨딩플래너)
- 홈페이지   wedding1.co.kr
- 전화번호   02-3444-3738
- 주소   서울시 강남구 논현동 101-13 우림빌딩 4층

웨딩홀

펜타리움 웨딩홀(안지선 실장님)
- 홈페이지   pentarium.co.kr
- 전화번호   02-413-1700
- 주소   서울시 강남구 영동대로 725(청담동)

S컨벤션
- 홈페이지   강남에스컨벤션.com
- 전화번호   02-3447-1133
- 주소   서울시 강남구 논현동 117-6

예복

로페로 테일러
- 홈페이지   iropero.com
- 전화번호   02-518-3889
- 주소   서울시 강남구 청담동 35-13번지 3층/4층

스튜디오더수트
- 홈페이지   thesuit.co.kr
- 전화번호   02-546-5849
- 주소   서울시 강남구 신사동 656-26 2층

웨딩스튜디오

원파인데이
- 홈페이지 onefineday.kr
- 전화번호 02-515-7363
- 주소 서울시 강남구 청담동 88-18

웨딩드레스

디케웨딩
- 홈페이지 tychewedding.com
- 전화번호 02-3446-2341
- 주소 서울시 강남구 청담동 22-11 3층

헤어 & 메이크업

파인트리(주혜민 원장님)
- 홈페이지 pinetreebeauty.com
- 전화번호 02-542-3302
- 주소 서울시 강남구 청담동 90-4

예물

꼬모다이아몬드
- 홈페이지 comogem.com
- 전화번호 02-739-9443
- 주소 서울시 종로구 종로2가 71-2번지 4층

허니문

허니문메이트
- 홈페이지 honeymoonmate.com
- 전화번호 02-3444-3482
- 주소 서울시 강남구 학동로 320 신우빌딩 403호

한복 & 예단

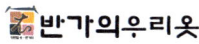

반가의우리옷
- 홈페이지   bangaui.com
- 전화번호   02-511-0438
- 주소   서울시 강남구 삼성동 65-9번지 보고재빌딩 4층

청첩장

모닝글로리
- 홈페이지   mgcard.net
- 전화번호   1522-1228

신혼 가전

LG전자 강남본점
- 홈페이지   gangnamlg.co.kr
- 전화번호   02-3448-5191
- 주소   서울시 강남구 청담동 86-1
            LG 청담빌딩 LG best SHOP

머리말	004
도와주신 분들	005

CHAPTER 01
우리 연애할래요?

❶ 내 나이가 벌써...? 　　　　014
　무서운 이야기　　　　　　　　015
　부러우면 지는 거다　　　　　　017

❷ 오늘부터 1일이야 　　　　019
　소개팅할래?　　　　　　　　　020
　잠깐! 당신의 소개팅 스타일은? 　027
　우리 지금 무슨 사이야?　　　　028
　나의 여자 친구가 되어 줄래요? 　031
　두근두근 연애해요　　　　　　036
　남녀 사이에 친구가 있다? 없다? 　047
　서로를 알아 가요　　　　　　　050

CHAPTER 02
우리 결혼할래요?

❶ 결혼!? 결혼!! 　　　　　　058
　결혼 생각　　　　　　　　　　059
　이때는 몰랐지..　　　　　　　065
　동상이몽1　　　　　　　　　　066
　2018년 길일 소개　　　　　　068

❷ 결혼준비 시작해 볼까요? — 070

기본 중의 기본 — 071
- 명랑이의 자투리 토크! **결혼준비 D-Day** — 074
- 명랑이의 자투리 상식! **생활 속 다이어트 요령 5가지** — 078

미션 : 신혼집, 웨딩홀을 해결해라! — 085
- 명랑이의 자투리 토크! **신혼집 계약서 작성 시 주의 사항** — 090
- 웨딩멘토의 웨딩 용어사전! **웨딩홀 상담 전 알아 두기** — 096

허니문, 당신의 선택은? — 099
- 명랑이의 자투리 상식! **허니문 여행지별 인사말** — 102
- 웨딩멘토의 웨딩 꿀정보! **허니문 예약 시 유의 사항** — 106

멋진 남편이 될 거야 — 107

❸ 결혼준비의 꽃, 스드메! — 109

스드메가 뭐길래? — 110
- 웨딩멘토의 웨딩 필수정보! **스드메 별도 비용 소개!** — 113

스튜디오와 메이크업 샵 — 114

여자의 로망, 웨딩드레스 — 124
- 웨딩멘토의 웨딩 자투리 상식! **네크라인 스타일 추천!** — 140

남자의 변신은 무죄 — 147
- 명랑이의 자투리 상식! **얼굴 유형별 남성 헤어스타일 추천** — 150

아가씨를 만나다 — 151
- 명랑이의 자투리 상식! **알쏭달쏭 헷갈리는 가족 호칭 총정리!** — 156

사랑해요, 엄마! — 157

그래서 당신이에요 — 160

동상이몽2 — 163

❹ 얼굴 찌푸리지 말아요 — 164

세상에서 제일 바쁜 사람 — 165

무심이의 예복 투어기 — 167

	예물, 예단, 한복을 알아보자!	178
명랑이의 자투리 상식!	손 모양별 결혼반지 고르기	181
명랑이의 자투리 상식!	압화 예단 편지 예시	185
명랑이의 자투리 상식!	한복 용어 알아보기!	190
	비 온 뒤 땅이 굳어지는 법	191
	고마워요, 아빠	202

❺ 두근두근! 웨딩 촬영해요   204

	나의 프로포즈를 받아 줘	205
	웨딩 촬영하는 날	211
명랑이의 자투리 상식!	웨딩드레스 스케치 도안	217
	엄마의 잔소리	231
	우리 행복하게 살자!	234

❻ 마지막 관문   236

	아버지	237
	부부가 되어 갑니다	240
	신혼집이 완성되고 있어요	244
	우리 결혼식에 초대합니다	250
	함 사세요!	255
명랑이의 자투리 상식!	함 돌이는 법	258
	본식 드레스를 준비해요	259
명랑이의 자투리 상식!	완벽한 웨딩드레스를 위하여	261
	웨딩홀, 허니문 체크해요	262
명랑이의 자투리 상식!	본식 체크리스트	264
	결혼하는 날	265

CHAPTER 03
결혼이야기 무엇이든지 물어보세요

상견례 편	272
허니문 편	273
웨딩홀 편	275
웨딩드레스 편	277
헤어, 메이크업 편	278
결혼 예물 편	280
결혼 한복 편	281
결혼 예복 편	282
결혼 예단 편	283

우리 연애 할래요?
CHAPTER 01

1

내 나이가 벌써...?

무서운 이야기 · 부러우면 지는 거다

무서운 이야기

부러우면 지는 거다

영화관에서

맛집에서

술자리에서

2

오늘부터
1일이야

소개팅할래? • 잠깐! 당신의 소개팅 스타일은? • 우리 지금 무슨 사이야? • 나의 여자 친구가 되어 줄래요? •
두근두근 연애해요 • 남녀 사이에 친구가 있다? 없다? • 서로를 알아 가요

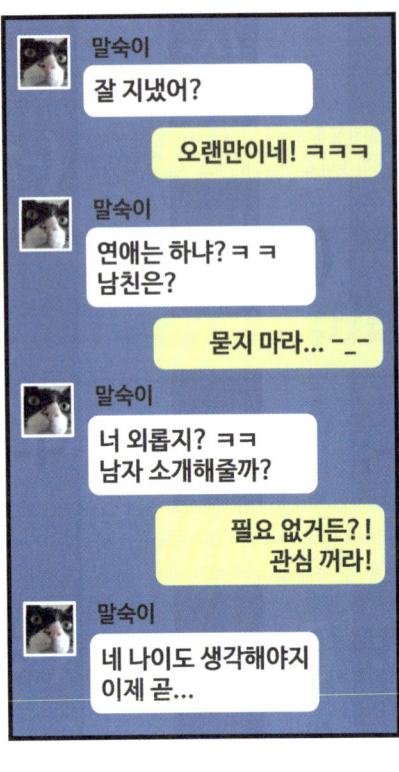

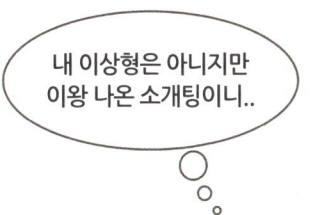

잠깐! 당신의 소개팅 스타일은?

Type 1 드라마의 대사처럼 형식적인 대화를 나누는 스타일

Type 2 부담을 주기 싫다! 더치페이 스타일

Type 3 조용조용 묵언 수행 스타일

Type 4 어색한 분위기는 죽어도 싫다! 술이 들어간다. 쭉쭉쭉~ 스타일

그렇게 둘의 첫 만남은 떡갈비 구이를 먹으며 시작되었다.

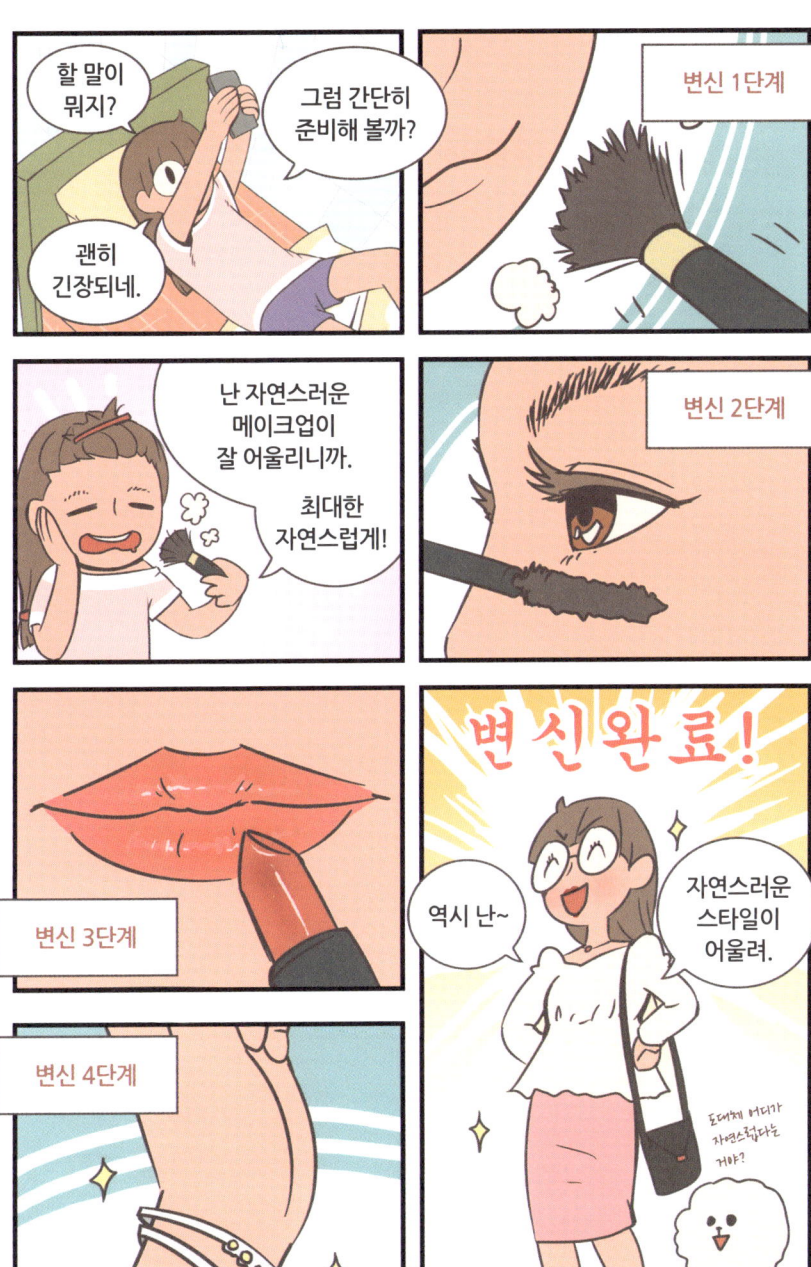

나의 여자 친구가 되어 줄래요?

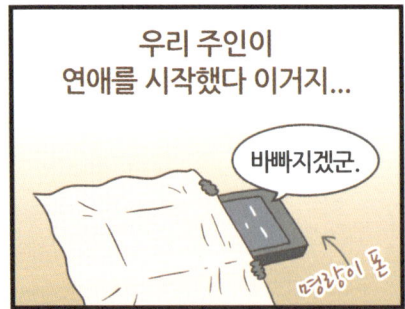

혼자 보던 영화도

먹고 싶었던 커플 세트도

외로웠던 술자리도

혼자 보내던 생일도

힘든 일이 있을 때도

아파서 서러울 때도

그래! 결심했어!

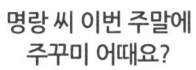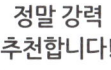

남녀 사이에 친구가 있다? 없다?

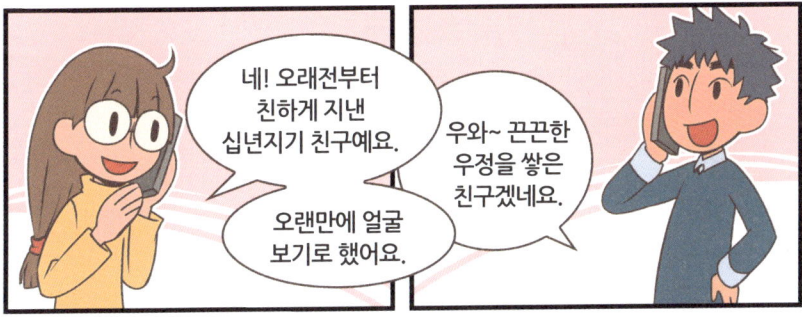
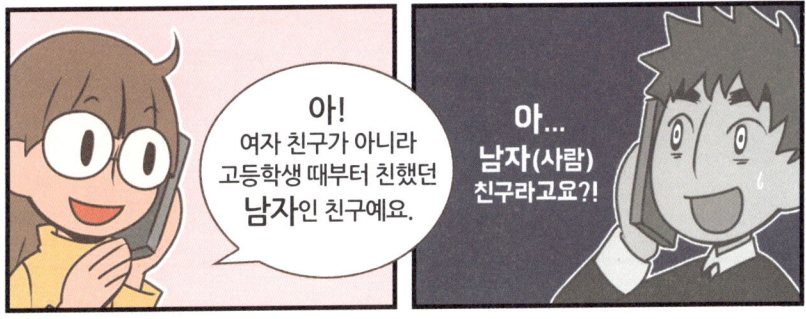

서로를 알아 가요

우리 결혼 할래요?
CHAPTER 02

1

결혼!?
결혼!!

결혼 생각 • 이때는 몰랐지.. • 동상이몽1 • 2018년 길일 소개

결혼 생각

29살이 되니...
결혼식 풍년이구나.

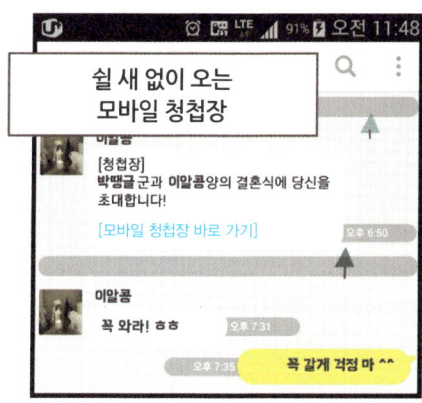

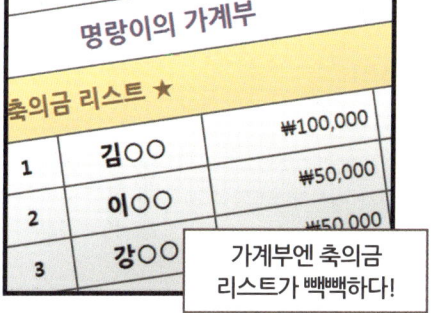

〈 문득 결혼 생각이 들 때! 하나 〉

온종일 붙어 있고 싶을 때

〈 문득 결혼 생각이 들 때! 둘 〉

예전에는 좋아하지 않던 아기들이 요즘 부쩍 예뻐 보일 때

〈 문득 결혼 생각이 들 때! 셋 〉

나를 진심으로 이해해 주고 항상 나를 생각해 주는 사람이 필요할 때

〈 문득 결혼 생각이 들 때! 넷 〉

이제는 결혼하는 게 당연한 나이가 되었을 때

〈 문득 결혼 생각이 들 때! (번외편) 〉

등이 가렵지만
효자손이 없어 참아야 할 때

주말에 소중한 사람과
맛있는 집밥을 먹고 싶을 때

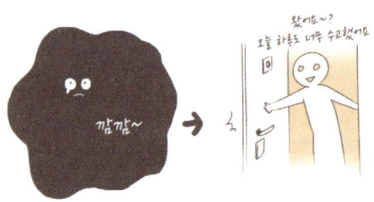

어둡고 쓸쓸한 집에 홀로 들어가기 싫을 때
나를 반겨 주는 사람이 있을 때

알콩달콩 함께 장 보는 신혼부부가
부러울 때

결혼한 친구들에게 들은 게 있어서 그런지 더더욱 걱정된다...

동상이몽 1

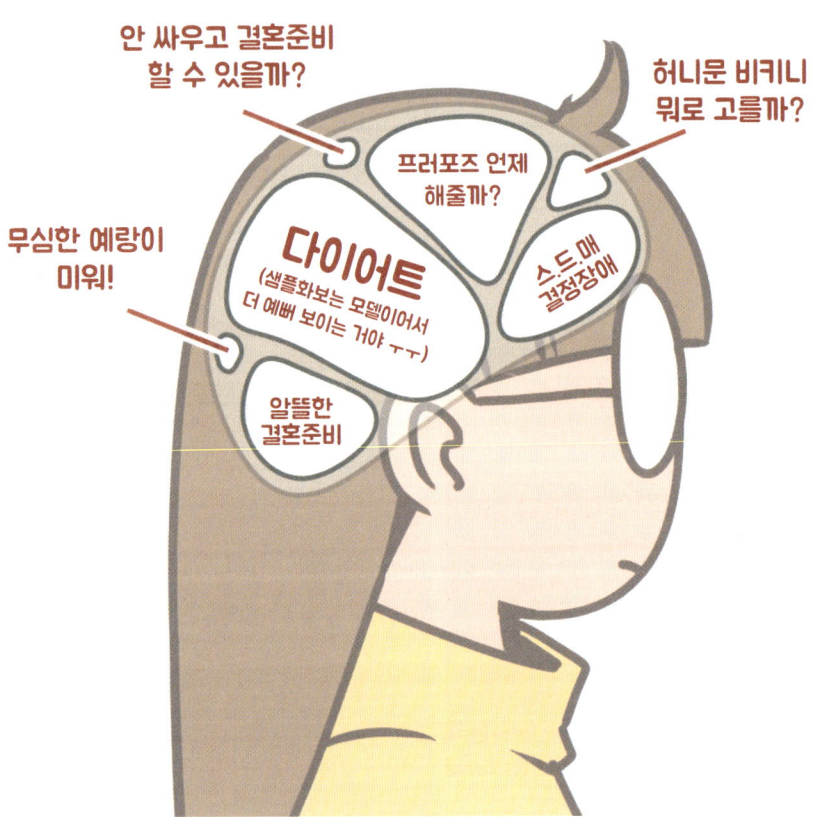

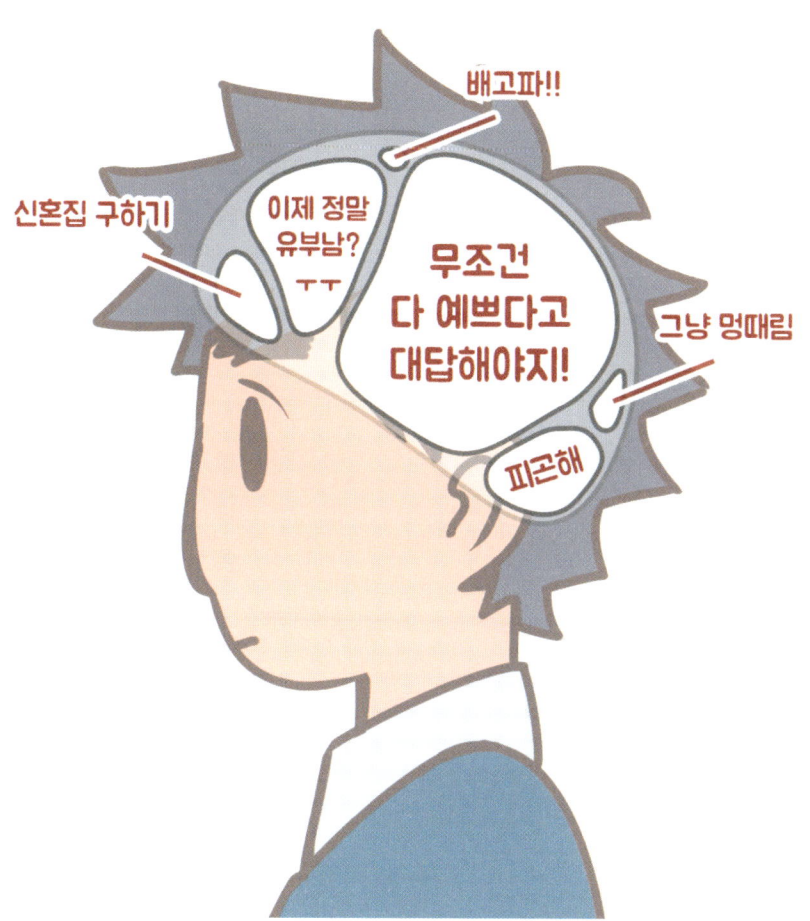

2018년 길일 소개

January

SUN	MON	TUE	WED	THU	FRI	SAT
	1	2	3	4	5	6
7	8	9	10	11	12	13
14	15	16	17	18	19	20
21	22	23	24	25	26	27
28	29	30	31			

February

SUN	MON	TUE	WED	THU	FRI	SAT
				1	2	3
4	5	6	7	8	9	10
11	12	13	14	15	16	17
18	19	20	21	22	23	24
25	26	27	28			

March

SUN	MON	TUE	WED	THU	FRI	SAT
				1	2	3
4	5	6	7	8	9	10
11	12	13	14	15	16	17
18	19	20	21	22	23	24
25	26	27	28	29	30	31

April

SUN	MON	TUE	WED	THU	FRI	SAT
1	2	3	4	5	6	7
8	9	10	11	12	13	14
15	16	17	18	19	20	21
22	23	24	25	26	27	28
29	30					

May

SUN	MON	TUE	WED	THU	FRI	SAT
		1	2	3	4	5
6	7	8	9	10	11	12
13	14	15	16	17	18	19
20	21	22	23	24	25	26
27	28	29	30	31		

June

SUN	MON	TUE	WED	THU	FRI	SAT
					1	2
3	4	5	6	7	8	9
10	11	12	13	14	15	16
17	18	19	20	21	22	23
24	25	26	27	28	29	30

July

SUN	MON	TUE	WED	THU	FRI	SAT
1	2	3	4	5	6	7
8	9	10	11	12	13	14
15	16	17	18	19	20	21
22	23	24	25	26	27	28
29	30	31				

August

SUN	MON	TUE	WED	THU	FRI	SAT
			1	2	3	4
5	6	7	8	9	10	11
12	13	14	15	16	17	18
19	20	21	22	23	24	25
26	27	28	29	30	31	

September

SUN	MON	TUE	WED	THU	FRI	SAT
						1
2	3	4	5	6	7	8
9	10	11	12	13	14	15
16	17	18	19	20	21	22
23	24	25	26	27	28	29
30						

October

SUN	MON	TUE	WED	THU	FRI	SAT
	1	2	3	4	5	6
7	8	9	10	11	12	13
14	15	16	17	18	19	20
21	22	23	24	25	26	27
28	29	30	31			

November

SUN	MON	TUE	WED	THU	FRI	SAT
				1	2	3
4	5	6	7	8	9	10
11	12	13	14	15	16	17
18	19	20	21	22	23	24
25	26	27	28	29	30	

December

SUN	MON	TUE	WED	THU	FRI	SAT
						1
2	3	4	5	6	7	8
9	10	11	12	13	14	15
16	17	18	19	20	21	22
23	24	25	26	27	28	29
30	31					

2

결혼준비
시작해 볼까요?

기본 중의 기본 • 미션 : 신혼집, 웨딩홀을 해결해라! • 허니문, 당신의 선택은? • 멋진 남편이 될 거야

그날 오후

며칠 후

결혼식까지 D-8개월

결혼준비 D-DAY

D-8개월 　상견례 · 택일하기 · 웨딩홀 예약 · 신혼여행
▼
D-7개월 　스드메 · 신랑 예복 · 한복 · 예물 · 신혼집
▼
D-6개월 　피부 관리 · 다이어트
▼
D-5개월 　촬영용 드레스 가봉
▼
D-4개월 　웨딩 촬영
▼
D-3개월 　예단 · 주례 선생님 섭외 · 신혼집 인테리어
▼
D-2개월 　청첩장 · 침구 세트 · 가전제품
▼
D-30 　본식 드레스 가봉 · 이사 준비 · 폐백 업체 · 이바지 음식 업체
▼
D-20 　청첩장 발송
▼
D-10 　함
▼
D-3 　신혼여행 짐 싸기
▼
D-DAY 　행복한 결혼식
▼
D+7 　혼인 신고 · 전입 신고 · 축의금 정리 · 답례 인사

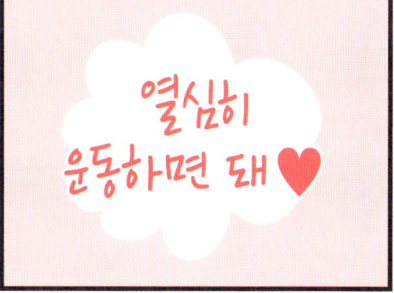

생활 속 다이어트 요령 5가지

1번 입이 심심할 때? 저칼로리 음식이나 오이, 당근으로 해결하기

2번 적어도 하루에 30분 주 5회 이상 운동하기
(최적의 비율: 유산소 운동 80%, 근력 운동 20%)

3번 자투리 시간 활용하기! 텔레비전 볼 때는 훌라후프하기

4번 아침 식사는 꼭 챙기고 저녁 식사는 소식으로~

5번 5대 영양소를 균형 있게 섭취하기
(탄수화물/단백질/지방/비타민과 무기질/칼슘)

명랑 : 우리 아빠는요♥

상견례 준비 어렵지 않아요~!

 **Check! 1**

상견례는 예식 예정일보다
적어도 **3~6개월** 전에 준비합니다!
양가 어른들의 일정을 확인해
최소 1~2주 전에 상견례 날짜를 잡고,
상견례 **2~3일** 전에는 모임 장소에 다시 한 번
예약 확인 전화를 합니다.

우선! 좌석 배치는 마주 보고 앉는 것을 기본으로
식당 측에 상석이 어디인지 확인해 보세요!

 **Check! 2**

첫째. 남자는 깔끔하게 면도하고 머리 정리하기.
여자는 단정하고 차분한 세미 정장 추천!
둘째. 식사에 방해되는 너무 진한 향수는 안 돼요!
셋째. 지나친 자녀 자랑은 피하고 상대 집안 자녀를
칭찬하면 분위기가 좋아질 거예요.

식사가 끝나기 전 계산은
신랑과 신부가 미리 하세요.

〈상석〉
양가 어른분들 중에
연세가 많으신 분이
앉으시면 됩니다

〈대화 분위기〉
자녀 이야기부터
자연스럽게 시작하기

〈가족 소개 시〉
신랑이 일어나서
한 분 한 분 소개하기

〈메뉴 선정〉
미리 양가 부모님이
선호하시는 음식을
파악한 후 주문하기

간단한 선물과 직접 쓴 편지를 준비해 보세요.

무심 씨와
서로의 집안에
대해서
미리 파악하길
잘했다.

잘 들어가셨는지 안부 전화로 점수를 따 보세요.

상견례 후...

미션 : 신혼집, 웨딩홀을 해결해라!

하우스 푸어란?
무리하게 대출을 받아 집을 장만해 원리금을 상환하는 것도 벅찬 상황을 말한다. 집은 있지만 가난한 상태.

자자~! 본격적으로 신혼집을 구해 봅시다!

- 월세 : 세금 부담이 적고 모아 놓은 자금이 많이 없더라도 방을 얻을 수 있다.
- 전세 : 추가 지출이 없고 세금 부담도 적지만 물량이 부족하다.
- 매매 : 세금 부담이 크고 이사 가기 어렵지만 내 취향에 맞게 신혼집을 꾸밀 수 있다. 부동산 시세에 따라 손익이 발생한다.

1. 근린 시설이 많아 편리한 생활이 가능하다.
2. 주차하기 편하다
3. 치안이 우수한 편이다.
4. 매매 시 이익을 얻을 수 있다.

1. 관리비와 전셋값이 아파트보다 저렴하다.
2. 상대적으로 전세 물량이 많다.
3. 대중교통 이용이 불편한 곳인지 확인하기

1. 대중교통 이용이 편리하다.
2. 보안이 우수하다.
3. 청약가점제가 유리하다.

〈부동산〉
다양한 매물을 부동산 중개인과 동행하며 안전하게 볼 수 있지만 복비를 지불해야 한다.

〈인터넷 검색〉
복비를 아끼고 많은 정보를 편하게 얻을 수 있지만 그만큼 허위 매물도 많고 범죄에 노출되기 쉽다.

정답 : 등기부 등본상 근저당의 권리 통제 및 채권 확보 확인 후 계약하기

신혼집 계약서 작성 시 주의 사항

하나
계약서 내용은 반드시 꼼꼼하게 확인하자.
특약 사항과 수리비에 대한 책임 소지와
원상 복구 등의 내용을 확인한다.

둘
계약 전 계약자의 신분증을 확인하여 본인 여부를 확인한다.
대리인일 경우 계약자의 인감도장이 날인된 위임장과
인감 증명서, 대리인의 신분증을 확인한다.

셋
계약서는 복사본을 사용할 수 없다.

넷
입주 후 전입신고를 하고 확정 일자를 받는다.
전입신고는 인터넷 등기소 및 관할 주민 센터에서 할 수 있다.

다섯
계약서가 2장 이상일 때에는
장마다 집주인과 세입자의 간인을 찍는다.

지불 보증 인원

지불 보증 인원은 총 하객 수를 말하는 것으로
웨딩홀 측에서 음식을 인원 만큼
미리 준비하기 위해서 체크하는 항목입니다.
또한 지불 보증 인원으로
주요시간(골든타임)을 배정합니다.

계약할 때 1차 보증 인원을 잡고
예식 15일 전에 확정 보증 인원을 잡습니다.
확정 인원보다 10~15% 더 많이 음식을 만들어 두니
너무 넉넉하게 잡지 않도록 합니다.
왜냐하면 예식 당일,
지불 보증 인원보다 더 적은 사람들이 와도
미리 계약한 지불 보증 인원으로 식대를
지불하기 때문입니다.

분리 예식

예식장과 피로연장이 분리된 방식입니다.
일반 웨딩홀이나 일부 호텔에서
볼 수 있는 예식으로 보통 예식 진행 시간은
1시간에서 2시간입니다.

동시 예식

예식장과 피로연장이 한 공간에 있는 방식입니다.
호텔이나 하우스 웨딩, 호텔급 컨벤션홀에서
진행하는 방식으로 보통 예식 시간은
3시간에서 4시간입니다.

웨딩홀 상담 전 알아 두기

대관료 및 꽃 장식

대관료는 웨딩홀을 사용하는 대관 비용으로 혼구 용품 일체와 예식 진행에 필요한 모든 시설을 이용할 수 있습니다.
꽃 장식(공간 연출) 비용은 홀을 꾸미는 비용으로 테이블 장식 비용이 추가로 발생할 수 있습니다.

식대

식대는 하객 식사 비용을 말하며 웨딩홀에 따라 성수기, 비성수기, 골드 타임, 비타임, 토요일, 일요일, 주중별로 식대가 모두 다릅니다.
음주류와 봉사료 등 추가금이 포함되어 있는지 체크해 봅니다.

혼구 용품

결혼 서약서, 성혼 선언문, 방명록, 장갑, 봉투, 펜 등을 말하며 교회나 성당은 포함되어 있는지 꼭 확인해 보아야 합니다.

축지

하객을 안내하는 문구가 적힌 종이로 웨딩홀 곳곳에 배치합니다.

웨딩 컨시어지(도우미)

예식 진행을 도와주며 보통 2~4명으로 구성됩니다.

수모

수모는 폐백을 진행할 때 신부의 단장과 절을 도와주는 도우미를 말하며 섭외비 및 팁 포함 유무를 미리 확인합니다.

웨딩홀 계약 시 주의 사항

첫 번째
환불 규정 확인하기

예식장 계약서 작성 전 반드시 환불 규정을 확인합니다. 예전에 비해 계약금 환불 규정이 강화되긴 했지만 계약 이후에 당사자의 사정으로 변경되는 부분은 손해를 볼 수 있습니다.

두 번째
부대 시설의 추가 비용 확인하기

웨딩홀 사용료나 식대 말고도 추가로 발생할 수 있는 부대 품목이 있는지 확인합니다. 미리 안내를 받지 못했거나 확인을 안 한다면 예식 당일에 예도, 축포 및 삼중주 연출 등의 추가 비용이 발생할 수 있습니다.

세 번째
연회장의 부가세와 봉사료 확인하기

연회장 비용을 결제할 때 카드와 현금의 가격 차이가 있는지 꼭 체크합니다. 또한 부가세와 봉사료도 부과되는지 웨딩홀 계약 전에 확인합니다.

★ **웨딩홀 준비 TIP** ★

모든 사항은 구두로 진행하지 말고 반드시 계약서에 친필로 명시합니다.

허니문, 당신의 선택은?

여행지 추천 BEST!

기후 : 칸쿤은 열대 기후로 건기와 우기가 뚜렷하다. 보통 5월부터 10월까지 우기이며 허리케인이 자주 나타난다. 겨울에도 기온이 영하로 떨어지는 일이 없어 사시사철 수중 활동하기에 좋다.

시차 : 칸쿤은 우리나라보다 15시간 느리다.
* 서머 타임 적용 시 14시간의 시차

통화 : 멕시코 페소(MXN)와 달러를 사용한다. 외환 은행 본점에서 멕시코 페소로 바꿀 수 있지만 보유량이 많지 않아 전화로 미리 확인 후 방문한다. 대부분의 경우 원화를 달러로 환전하고 칸쿤 현지에서 페소로 환전한다.

전압 : 110V, 60Hz (변압기, 멀티어댑터 필수)

출입국 : 미국 비자 ESTA 필요 요망

기후 : 하와이는 연중 기후가 온화하고 4~11월까지 여름, 12월~3월까지 겨울이다. 11월에서 4월이 우기지만 비가 잠시 지나가는 정도라 크게 걱정할 필요는 없다.

시차 : 한국 시간에 5시간을 더하고 그 시간에서 하루를 빼면 하와이 시간이다. (한국보다 19시간이 느림)

통화 : 미국 달러 USD를 사용한다.

전압 : 전압이 지역에 따라 110V부터 115V까지 차이가 난다. (변압기 필수)

기타 :
- 렌터카 픽업 시 꼭 필요한 국내 운전 면허증
- 미국에서는 서비스 이용 후 팁을 내는 것이 관례이며 서비스 비용의 10~20%를 지급한다.

기후 : 모리셔스는 아열대 해양성 기후로 연평균 20~26℃이다. 모리셔스는 11월~4월인 여름이 여행하기에 가장 좋지만 겨울이어도 기온이 20℃밖에 되지 않아 여행하기에 어려움이 없다.

시차 : 모리셔스는 우리나라보다 5시간 느리다.

통화 : 루피(rupee)를 사용한다. 모리셔스는 공항 내 환전소의 환율이 가장 좋다.

전압 : 220V, 230V이다. 2구 콘센트와 3구 콘센트가 혼용되므로 변압기, 멀티어댑터가 필수다.

기후 : 다낭은 열대 몬순 기후로 1월에서 7월까지는 건기, 8월에서 12월까지는 우기이다. 연평균 기온은 28℃이며 3월에서 6월이 여행하기에 가장 좋다. 우기는 비가 많이 내리고 태풍도 지나가므로 방문을 피하자.

시차 : 다낭은 우리나라보다 2시간 늦다.

통화 : 화폐 단위는 동(Dong)을 사용한다.

전압 : 220V, 50Hz를 사용한다.

잔잔한 바다에서 둘만의 오붓한 시간을 보내고 싶다면 휴양 여행을 떠나 보세요. 특히 아름다운 풍경과 풀빌라 리조트가 많은 코사무이는 휴양형 신혼여행지로 사랑받는 곳입니다. 마음이 편안해지는 자연 속에서 휴식을 취해 보세요.

관광형

관광지와 문화 유적지 탐방을 좋아한다면 관광 여행을 추천합니다. 파리나 시드니, 멜버른 등이 있으며 특히 서유럽은 다양한 문화 유적지를 볼 수 있고 밤에는 이색적인 거리도 즐길 수 있습니다. 또한, 국가 간 거리가 가까워 한 번에 여러 나라를 여행하기에 좋습니다.

서핑의 명소인 호주의 골드코스트를 추천합니다. 도시와 근접해 있어 또 다른 재미를 누릴 수 있습니다. 또한, 몰디브에서는 아일랜드 호핑 투어와 스노클링 투어, 스킨 스쿠버 다이빙을 비롯해 다양한 해양 스포츠를 마음껏 즐길 수 있습니다.

허니문 여행지별 인사말

칸쿤(멕시코)
스페인어, 영어를 쓰지만, 현지인들은 보통 스페인어로 인사한다.
- 아침인사 : 부에노스 디아스
- 점심인사 : 부에나스 따르데스
- 저녁인사 : 부에나스 노체스
- 고맙습니다 : 그라씨아스
- 괜찮습니다 : 노빠사 나다

하와이(미국)
- "안녕하라, 그대여!"에서 유래된 하와이의 인사말 : 알로하오에
- 만나거나 헤어질 때 : 알로하
- 고맙습니다 : 마할로

모리셔스
- 아침인사 : 봉주−ㅎ
- 저녁인사 : 봉수와
- 밤인사 : 본뉘
- 고맙습니다 : 멕시, 멕시 보꾸(조금 더 정중한 표현)

다낭(베트남)
- 인사 : 씬짜오
- 감사합니다 : 씬다따

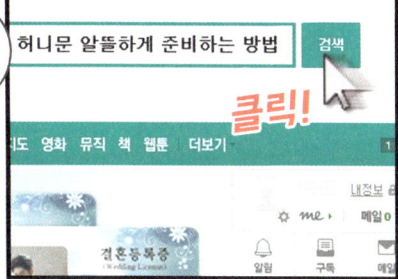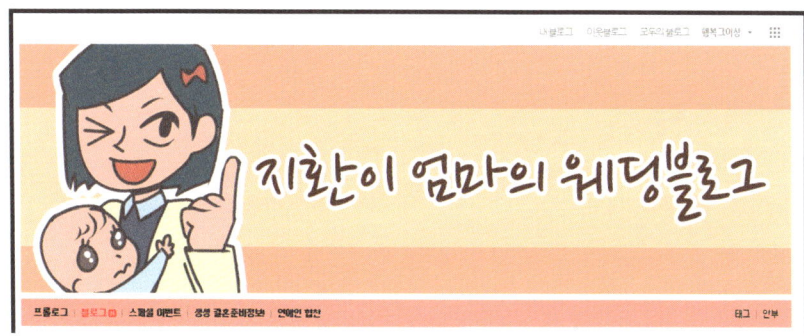

휴양지 코사무이 알뜰하게 다녀오는 방법! 블로그 공지사항

안녕하세요~ 지환이 엄마예요!

제가 코사무이로 허니문을 다녀왔는데
알뜰하게 다녀오는 방법을 다 같이 공유합니다!

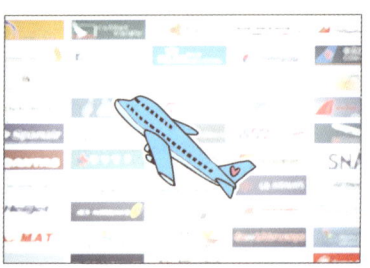

1) 항공사 선택

같은 지역, 같은 리조트라도
항공기에 따라 가격 차이가 있어요.
TIP. 항공편은 직항보다 경유가 더 저렴하답니다.
직항편이라도 국적기나 외항기에 따라서
가격이 달라요.
TIP. 국적기보다는 외항기의 항공료가 저렴한 편입니다.
국내 저가 항공을 선택하는 것도
알뜰한 허니문 준비 방법입니다^^

2) 예약 시기

주말 출발이 많은 허니문 항공권은
안정적인 좌석 공급을 위해
그룹(대량) 좌석을 이용하면 좋아요.
그룹 좌석은 상대적으로 좌석 확보가 쉽지만
항공권의 가격은 비싼 편입니다.
개별 좌석의 경우, 예약을 빨리할 수 있다면
할인 혜택을 받아 항공료를 낮출 수 있지만
여행 기간이 짧은 좌석 클래스들은
마일리지 적립이 없거나 적은 경우가 많아요.

3) 대형 브랜드 여행사 VS 허니문 전문 여행사

대형 여행사는 여행사의 안전성이 있지만
대리점 영업의 홀 세일러 식의 영업이라
판매 마진이 붙어 비쌉니다.
허니문 여행사는 현지 호텔과 직거래를 하는
경우가 많아 가격경쟁력이 우수하며 직원들의
현지 출장 경험이 많아 상담 안내도 우수해요.
그러나 불량여행사도 많으니 반드시 업체의
규모나 보증보험(2억 이상)에 가입했는지
확인합니다.

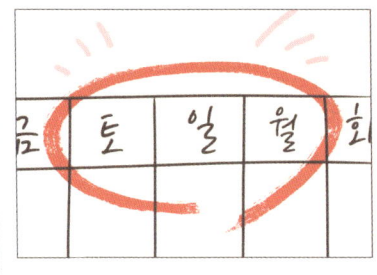

4) 주중 출발

허니문의 경우 대개 주말 출발(토, 일, 월 오전)이 많지만 시간적 여유가 있다면 화요일에 출발해 다양한 할인 혜택을 받도록 해요.

5) 여권 준비하기

예약 후 영문 이름이 여권과 다를 경우 영문 변경 페널티가 부과될 수 있어요.
TIP. 여권 유효 기간이 출발일을 기준으로 반드시 6개월 이상 남아 있어야 합니다.

#결혼준비 #허니문 #알뜰한준비 #웨딩 #여권준비

이렇게 또 멘토님 도움을 받다니!

마음은 이미 여행지에..

허니문 예약 시 유의 사항

1. 기획 여행 보증 보험 가입 유무 체크

허니문 여행사들도 기획 여행 보증 보험(2억원 이상)에 필수로 가입해야 합니다.

2. 예약 시 여행 일정 확인

계약서 작성할 때 : 견적에 첨부된 일정표와 계약서에 명시된 일정표가 같은지 꼼꼼히 확인합니다.
장거리 상품일 때 : 여러 번 항공기를 이용해야 하므로 중간의 비행 일정을 꼼꼼히 확인합니다.

3. 추가 비용 발생 여부 확인

판매가 변동 여부 : 유류 할증료 변동, 환율 인상 등으로 인한 추가 비용을 확인합니다.
여행 요금 완납 후 발생하는 현지 추가 비용 : 가이드 팁의 포함 여부, 기타 선택 관광 비용, 비자 발급 비용 등을 확인합니다.

4. 계약 취소 규정

신혼여행 상품은 특수성 및 항공 좌석의 희소성 때문에 항공 좌석과 리조트 비용을 일부 선납해 놓은 상품이 많으므로 국외 여행 표준 약관에 근거한 '특별 약관'에 따른 취소 수수료를 지불해야 합니다.

예약 상품의 취소 기준일(CUT OFF DAY)을 확인하여 변경 및 여행 취소 시 불이익이 없도록 주의합니다.

3

결혼준비의 꽃, 스드메!

스드메가 뭐길래? • 스튜디오와 메이크업 샵 • 여자의 로망, 웨딩드레스 • 남자의 변신은 무죄 • 아가씨를 만나다 • 사랑해요, 엄마! • 그래서 당신이에요 • 동상이몽2

스드메가 뭐길래?

스드메 패키지 구성

1. 스튜디오

- **리허설** : 총 10장(20p)
- **본식** : 합본 1권(30p) + 원판 2권(각 10p) **합본**은 스냅과 원판으로 구성되며 신부 대기실에서부터 폐백 과정까지 촬영한 것으로 신랑, 신부가 가진다. **원판**은 주례사, 친지, 하객과 폐백 과정까지 촬영한 결혼사진으로 양가 부모님께 전달한다.

 근데.. 스냅이 뭐야?

 신부 대기실에서부터 예식 진행 과정까지 촬영한 사진을 말하는 거야!

2. 드레스

- **리허설(화이트 2벌 + 미니 또는 컬러 1벌)**
  다양한 촬영 컨셉을 위해 화이트 드레스 2벌은 슬림한 모양과 풍성한 모양으로 선택하되 볼레로 또는 변형이 가능한 드레스가 좋다.
- **본식(화이트 1벌)**
  예식장의 규모와 홀 느낌, 홀 조명을 참고하여 원하는 취향으로 고른다.

 신랑 턱시도는 드레스 샵에서 제공되니?

턱시도 제공 여부는 드레스 업체마다 다르니 꼭 확인해야 해!

3. 헤어&메이크업

- **리허설** : 다양한 코르사주나 티아라, 밴드를 착용하기 때문에 헤어 윗부분은 하드 스프레이로 고정한다. 아랫부분은 다양하게 연출한다.
- **본식** : 베일로 덮기 때문에 최대한 단정하게 연출한다.

 무조건 유명한 샵이 좋을까?

 샵의 브랜드도 중요하지만 신부를 담당할 디자이너의 약력이 더 중요해!

괜찮아. 나에겐 웨딩 멘토가 있으니까!

기필코! 수많은 스튜디오 중에서
나에게 잘 어울리는 곳을 찾겠어!

스.드.메 별도 비용 소개!

**스드메 패키지에 포함되지 않고
해당 업체에 직접 결제해야 하는 사항**

스튜디오
필수 : 원본 사진 CD
선택 : 사진 추가, 수정본 사진 CD

본식
대부분 원본 사진 CD를 포함하지만 그렇지 않은 업체도 있으며
서울 외 지역은 출장비가 든다. (지역마다 비용이 다름)

드레스
필수
1. 드레스 샵 투어 비용
2. 헬퍼비 (촬영: 15만원 / 본식: 15~20만원)
3. 촬영 스튜디오 또는 예식장이 서울 외 지역이면
출장비 발생 (지역마다 비용이 다름)
선택 : 드레스 추가, 신랑 키 높이 구두

헤어&메이크업
단발이거나 숱이 없을 때 사용하는 헤어피스는 대략 15만원이다.
헤어 컷 & 펌 & 염색은 촬영 또는 본식 전에
예약하거나 미리 하는 것이 좋다.

나에게 잘 어울릴만한
웨딩스튜디오 골라 보기!

독특한 배경과 다양한 소품 중심 스튜디오 위주로 골라 보기

 최소한의 소품과 심플한 배경 스튜디오 위주로 골라 보기

 화려한 배경에 자연스러운 분위기 스튜디오 위주로 골라 보기

 개성이 강하지 않은 화사한 배경 스튜디오 위주로 골라 보기

 우아하고 차분한 배경 스튜디오 위주로 골라 보기

 아기자기한 소품을 활용하여 사랑스러운 분위기가 느껴지는 스튜디오 위주로 골라 보기

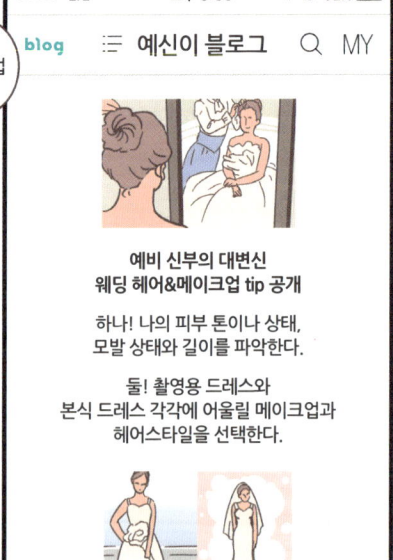

여자의 로망, 웨딩드레스

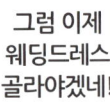

스피드 퀴즈!

본격적으로 드레스를 고르기 전에 알아 두면 좋은 정보!

최소 2~3곳의 드레스 샵을 방문해 드레스를 입어 보는 것!

정답! 드레스 투어

신부가 드레스를 직접 입어 보는 거!

어..어!

아니~ 입어 보고 드레스 사이즈 체크하잖아.

아~ 드레스 가봉!

명희가 결혼식 때 머리에 썼던 거.

아~ 베일! *면사포

웨딩드레스 상체를 변형시킬 수 있는 소품은?

볼..볼레.. 아! 볼레로!

웨딩드레스 속치마를 뭐라 부르지?

페티코트! *드레스를 더욱 풍성하게 연출한다.

영희 드레스에 물결 같은 주름은?

셔링!

모두 맞혔어요! 잘했어요.

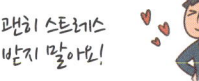

< 그날 오후 >

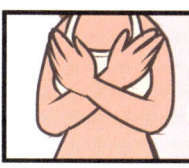

촬영용 드레스

드레스의 원단감이나 다양한 라인,
볼레로 연출 모습을 고려한다.

본식용 드레스

신랑의 턱시도와 웨딩홀 분위기, 조명 등을
두루두루 참고해서 고른다.

제가 촬영용 드레스를 고를 때는요~

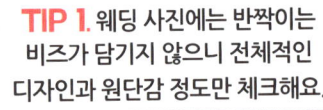

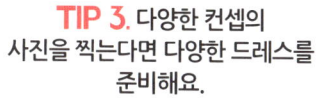

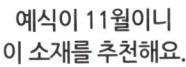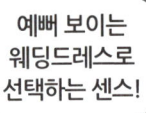

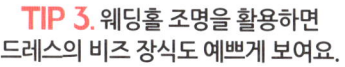

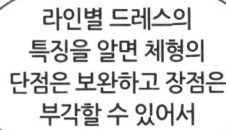

네크라인 스타일 추천!

V 네크라인
목선이 길고 가늘어 보이는 V 네크라인은 세련되고 성숙해 보인다.
긴 얼굴형의 신부는 V 네크라인을 피하자.

라운드 네크라인
어깨선부터 둥글게 감싸는 네크라인으로 부드럽고 단아한 느낌이다.
대부분의 신부에게 잘 어울리는 무난한 스타일이다.

탑 네크라인
탑 네크라인은 어깨를 드러내는 모양으로 여성스럽고 깔끔하며 환하다.
튜브 탑은 깔끔하고 청순한 느낌을, 하트 탑은 부드럽고 사랑스러운 느낌을 준다.

하이 네크라인
목선을 감싸 얼굴이 돋보이는 하이 네크라인은 단정하고 클래식하다.
답답해 보일 수 있으니 여름엔 하이 네크라인을 피하자.
등과 어깨가 완전히 드러나는 홀터의 경우 세련된 느낌을 더해 준다.

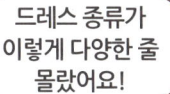

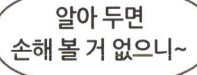

드레스 샵에는
신랑만 데리고 오는 게 좋아요.

남자의 변신은 무죄

얼굴 유형별 남성 헤어스타일 추천

다음의 정보는 참고만 해 주세요.
전문가와의 상담을 통해 멋진 스타일을 완성해 보세요.

긴 얼굴형에 어울리는 헤어스타일

흔히 말상이라 불리는 이 얼굴형은
차가운 인상을 주기 쉽다.

- 앞머리를 사선 방향으로 내린다.
- 윗머리의 볼륨은 없애고 옆머리의 볼륨을 준다.

사각형 얼굴형에 어울리는 헤어스타일

남성미가 느껴져 자칫하면 인상이 강해 보일 수 있다.
얼굴의 각진 부분을 보완하기 위해 전체적으로
굵은 웨이브를 연출한다.

- 구레나룻은 짧게 자른다.
- 뒷머리를 짧게 자른다.
- 정수리 볼륨을 살린다.

역삼각형에 어울리는 헤어스타일

턱이 뾰족한 역삼각형 얼굴은
신경질적으로 보일 수 있다.
머리의 윤곽 라인을 신경 쓰자.

- 정수리 머리를 세운다.
- 옆머리와 뒷머리를 살짝 길게 한다.

둥근형에 어울리는 헤어스타일

볼살이 통통하고 얼굴에 각진 곳이 없어
귀여운 인상을 주지만
얼굴이 커 보이거나 둔해 보일 수 있다.

- 앞머리를 위로 올려 이마를 노출한다.
- 옆머리를 누르고 뒷머리는 짧게 한다.
- 머리를 사선으로 세운다.

알쏭달쏭 헷갈리는 가족 호칭 총정리!

남편의 입장 호칭정리

아내의 아버지 (장인어른, 아버님) / 아내의 어머니 (장모님, 어머님) / 아내 오빠의 아내 (아주머니, 처남댁) / 아내의 오빠 (형님, 처남)

아내의 언니 (처형) / 아내 언니의 남편 (형님, 동서) / 아내 남동생의 아내 (처남댁) / 아내의 남동생 (처남) / 아내의 여동생 (처제) / 아내 여동생의 남편 (동서, O서방)

아내의 입장 호칭정리

남편의 아버지 (시아버님, 아버님) / 남편의 어머니 (시어머님, 어머님) / 남편 형의 아내 (형님) / 남편의 형 (아주버님)

남편의 누나 (형님) / 남편 누나의 남편 (아주버님) / 남편 남동생의 아내 (동서) / 남편의 남동생 (서방님, 도련님) / 남편의 여동생 (아가씨) / 남편 여동생의 남편 (서방님)

사랑해요, 엄마!

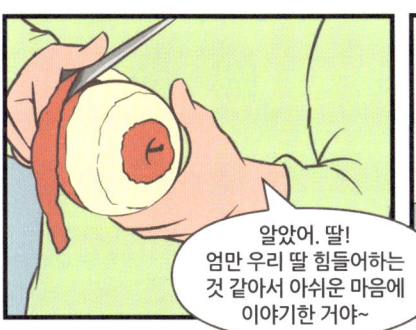

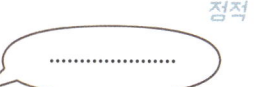

4

얼굴 찌푸리지 말아요

세상에서 제일 바쁜 사람 • 무심이의 예복 투어기 • 예물, 예단, 한복을 알아보자! •
비 온 뒤 땅이 굳어지는 법 • 고마워요, 아빠

세상에서 제일 바쁜 사람

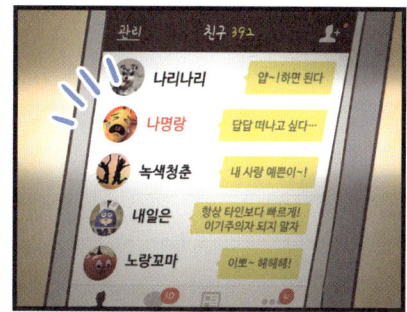

어느 날부터
예민해지고 특별한 이유 없이
짜증이 난다.

왜 그럴까?

체형별 턱시도 코디법

본인의 몸보다 큰 사이즈의 슈트는 피하고 몸에 딱 맞는 슈트를 선택한다.
세로무늬가 있거나 무늬가 없는 단색의 슈트를 추천한다.

뚱뚱한 체형

마른 체형

체크무늬가 있거나 화려한 컬러의 슈트를 추천한다.
셔츠 위에 조끼를 입고 재킷을 걸치는 것도 한 방법이다.

키카 큰 체형은 자칫 마르고 왜소해 보일 수 있어 가로무늬나 체크무늬의 슈트를 입어 단점을 보완한다. 벨트를 착용해 다리를 더 길어 보이게 한다.

키가 큰 체형

키가 작은 체형

상의와 하의를 같은 컬러로 매치하고 세로무늬의 슈트를 추천한다.
하의 기장을 많이 줄이면 오히려 역효과가 날 수 있으니 유의한다.

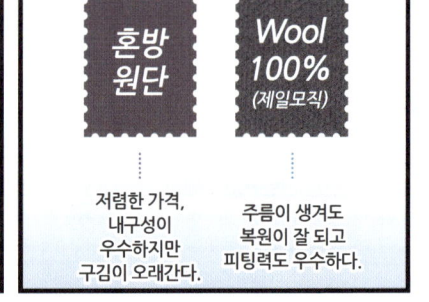

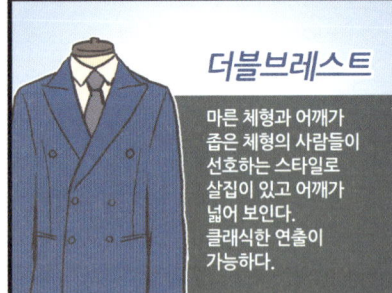

예물, 예단, 한복을 알아보자!

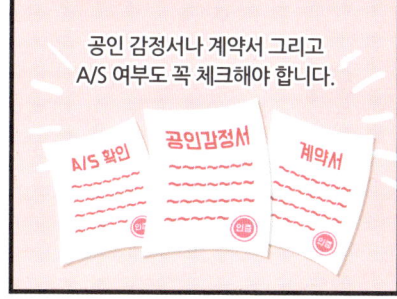

손 모양별 결혼반지 고르기

작고 손가락이 짧다

큐빅이 있고 세로로 디자인된 반지는
손을 길어 보이게 합니다.
고리를 V 모양이나 U 모양으로 선택하면
시선을 분산시켜 작고 짧은 손가락을 보완할 수 있습니다.

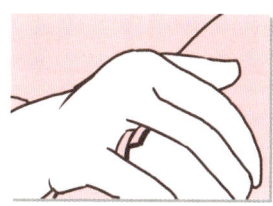

손가락 마디가 굵다

화려한 반지는 오히려 단점을 부각시킵니다.
물결 모양으로 포인트를 준 심플한 디자인의 반지를 추천합니다.

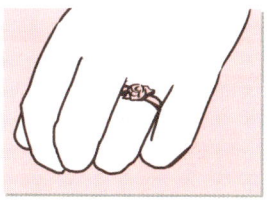

손가락이 길다

어떤 디자인도 잘 어울리는 축복받은 손!
화려한 스타일의 반지도 잘 어울립니다.

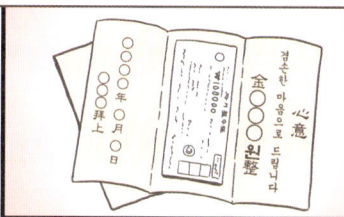

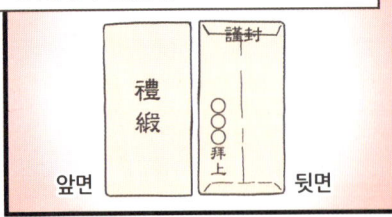

압화 예단 편지 예시

압화 편지란?

꽃을 납작하게 누른 압화로 장식한 편지

아버님, 어머님께.

아버님, 어머님 안녕하세요. 저 [명랑] 이에요.
처음 뵈었을 때부터 기쁘게 환영해 주시고
예뻐해 주셔서 감사합니다.

말씀은 많이 안 하시지만 따뜻하게 챙겨 주시는 아버님
항상 미소로 반겨 주고 딸처럼 아껴 주시는 어머님
친절하고 다정하게 다가와 주는 아가씨
이렇게 사랑이 넘치는 분위기 속에 저도
가족으로 함께 할 수 있어 너무나 기쁘고
감사할 따름입니다

제가 아직 서툴고 많이 부족하겠지만
너그럽게 이해해 주시고 많이 도와주세요.
아버님, 어머님의 사랑 아래 딸 같은 며느리가
될 수 있도록 열심히 노력하겠습니다.
그리고 [무심] 씨와 서로 존중하고 아끼면서
행복하게 잘 살아가는 모습을 보여드릴게요.

약소하지만, 저희 부모님께서
정성스레 준비한 예단을 보내 드립니다.
아버님, 어머님에게 감사한 마음도 전하고 싶어
이렇게 편지도 적어 보았어요.
예단과 편지를 기쁘게 받아 주시면 매우 감사하겠습니다.

부족하지만 사랑받고 싶은
예비며느리 [명랑] 올림

한복 용어 알아보기!

녹의홍상
연두색 저고리와 다홍색 치마.
예전 신부들은 거의 녹의홍상으로 갖춰 입었지만 요즘은 각자 취향에 맞는 한복을 입는다.

배자
소매가 없는 조끼이다. 남성 한복의 기본 품목이며 배자보다 더 긴 쾌자도 있다. 장단점을 비교해 선택한다.

삼회장저고리
고름, 깃, 곁마기와 끝동의 색이 나머지 부분과 다른 한복이다.

당의
하단이 둥근 저고리로 궁중 평상복이다.

아얌
위가 트였고 이마를 덮는 모자이다.

마고자
저고리 위에 덧입는 남성용 상의 웃옷이다. 깃과 고름이 없다.

비 온 뒤 땅이 굳어지는 법

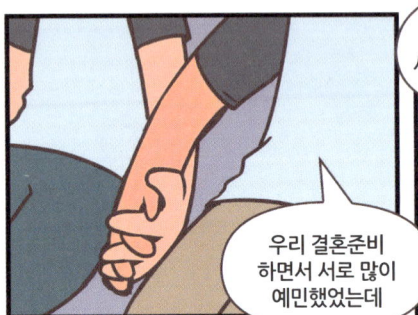

5

두근두근!
웨딩 촬영해요

나의 프로포즈를 받아 줘 • 웨딩 촬영하는 날 • 엄마의 잔소리 • 우리 행복하게 살자!

다음 날, 웨딩드레스 샵

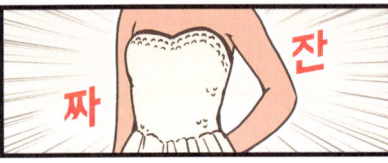

웨딩드레스 스케치 도안

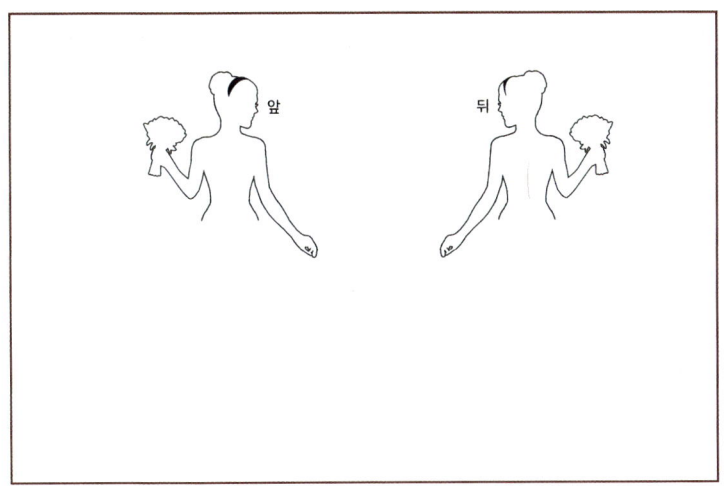

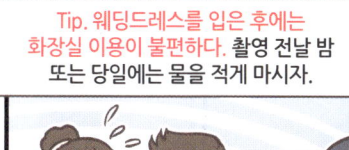

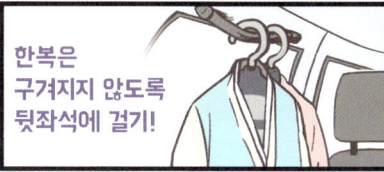

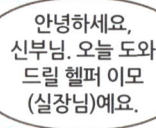

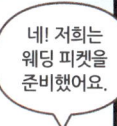

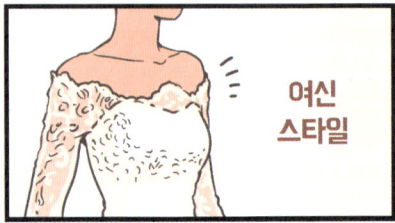

엄마의 잔소리

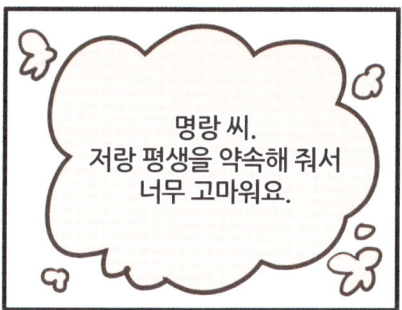

6

마지막 관문

아버지 · 부부가 되어 갑니다 · 신혼집이 완성되고 있어요 · 우리 결혼식에 초대합니다 ·
함 사세요! · 본식 드레스를 준비해요 · 웨딩홀, 허니문 체크해요 · 결혼하는 날

부부가 되어 갑니다

어느 날부터 부쩍 우리 둘이
닮았다는 소리를 많이 듣는다.

그의 초딩 입맛도
어느새 나와 비슷해지고

어린 아이냐며 핀잔줬던
그의 취미가
이젠 나의 취미가 되었고

정반대였던 옷차림도
지금은 자연스레 비슷해졌어.

그렇다.. TV와 소파는
무심이의 (대부분 신랑들의) 소소한 행복이자
여가 생활의 전부다!

결혼식까지… **D-60**

함 사세요!

함 들이는 법

1
함은 저녁에 들어갑니다.

2
신랑은 신부 집에 들어가기 전,
박을 한 번에 깹니다.

3
함은 바닥에 내려놓으면 부정을 탄다는 속설이 있어
떡 위에 올려놓습니다.

4
신랑은 신부의 부모님께
가져온 함을 드리고 절을 합니다.

5
시루떡을 자를 때 칼 대신
접시를 이용해 자릅니다.

6
방에서 기다리던 신부는 어머니가 준 떡을 먹은 후
밖으로 나올 수 있습니다.

본식 드레스를 준비해요

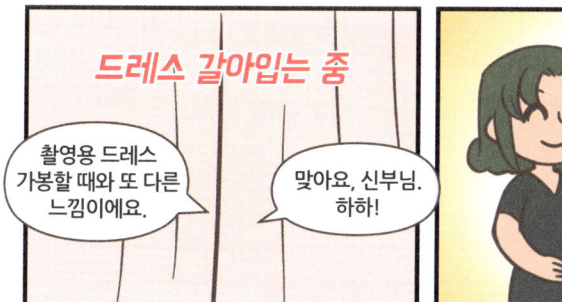

완벽한 웨딩드레스를 위하여

식단을 조절하자
남은 기간 동안 갑자기 살이 찌면
결혼식 날 웨딩드레스가 맞지 않을 수 있어요.
특히 음주, 폭식, 인스턴트 음식을 피해 주세요.

**욕심내서 무리하게 운동하지 말고
규칙적으로 유산소 운동을 하자**
결혼준비 막바지엔 유산소 운동으로
예쁜 드레스 라인을 유지해요.
그렇다고 무리한 운동은 금물!

물을 많이 마시자
노폐물 배출을 도와주고
신진대사도 활발해져요.

최상의 컨디션을 유지하자
신부의 행복한 표정만큼 웨딩드레스에 어울리는 건 없어요.
최상의 컨디션으로 결혼식을 맞이해요

웨딩홀, 허니문 체크해요

본식 체크리스트

본식 전

신부님	신랑님
본식 전날에는 수분 팩으로 수분 보충을 해 주세요. (스크럽은 2~3일 전까지만 합니다.)	머리를 짧게 자른다면 헤어스타일이 어색하지 않도록 2~3일 전에 미용실을 다녀오세요. (본식 날 미용실에서 헤어 컷을 하면 추가 비용이 발생합니다.)

본식 당일

신부님	신랑님
살구색 스타킹 / 흰 양말 준비	검정 양말 / 검정 구두 준비
겨드랑이 제모는 필수!	면도는 필수!

머리 감을 때는 샴푸만 합니다. 세안 후 소량의 스킨만 바르고 다른 화장품은 바르지 않습니다.

폐백

신부님 & 신랑님
폐백(절)을 받을 친, 인척에게 사진 촬영 10분 후 폐백실로 오라고 안내해 주세요. 폐백 받는 분: (신랑 측) 아버지의 형제 / 친가 사촌 형제, 친형제

본식 후

신부님 & 신랑님
1. 축의금 봉투를 턱시도 안주머니에 넣으면 잃어버릴 수 있습니다. 2. 허니문 짐은 트렁크에 미리 옮겨 주세요.

기타

웨딩홀	허니문
본식 전 웨딩홀에 확인할 사항 날짜 · 홀 · 하객 수 · 식사 메뉴 · 연출 · 꽃 장식 · 혼구 용품 · 폐백실 · 폐백 의상 · 수모님 · 서비스 사항 · 액자 DP용 이젤	① 본식 전날 짐을 꼼꼼히 살펴봅니다. ② 여행사에서 보내 준 '허니문 일정'을 다시 확인합니다. ③ 여행사에 확인할 사항: 출발 일자 · 출발 시간 · 항공편

결혼이야기 무엇이든지 물어보세요

CHAPTER 03

상견례 편

Q 상견례 장소는 어디가 좋을까요?

상견례 장소는 조용하게 대화를 나눌 수 있는 룸으로 나뉜 한식당 또는 일식당이 좋습니다. 신랑, 신부는 양가 어른들의 음식 취향을 미리 파악해 메뉴 선정에 신경을 씁니다. 많은 분들이 코스 요리를 선택하는데, 코스 요리는 음식이 들어올 때마다 대화의 주제를 바꿀 수 있고 한 사람의 말이 길어지는 것을 막아 줘 보다 원활한 진행을 도와줍니다.

Q 상견례, 누구까지 불러야 하나요?

일반적으로 신랑, 신부의 직계가족만 참석합니다. 다른 친, 인척이 함께할 경우 분위기가 어수선해지거나 양가 어른들께서 대화를 편안하게 나누기 힘듭니다. 최소한의 인원으로 상견례 자리에 집중하여 진솔한 이야기를 나누도록 합니다.

Q 상견례, 무슨 대화로 시작해야 할까요?

인사 후 가벼운 이야기로 시작합니다. 오시는 길에 불편함은 없었는지, 차는 막히지 않았는지 등의 인사를 건네며 자연스럽게 대화를 유도합니다. 모두에게 긴장되고 어려운 자리이니 신랑과 신부가 중간에서 잘 이끌어 나갑니다.

Q 상견례 때 선물을 준비하고 싶은데 무엇을 준비하면 좋을까요?

고가의 선물은 씀씀이가 커 보여 부정적으로 보일 수 있으니 적당한 선에서 성의를 보이도록 합니다. 어른들의 입맛에 맞는 떡 케이크나 화과자 등을 추천합니다.

허니문 편

Q 허니문 여행지, 단거리와 장거리의 기준과 여행 경비가 궁금해요!

한국을 출발해 비행시간이 7시간 이내로 걸리면 단거리, 그 이상으로 걸리면 장거리입니다. 단거리 여행지로는 푸켓, 발리, 후아힌, 세부, 괌, 사이판, 다낭, 코사무이 등이 있고 장거리 여행지로는 유럽, 칸쿤, 하와이, 몰디브, 호주, 피지, 모리셔스 등이 있습니다. 여행 경비는 상황에 따라 다르지만 일반적으로 단거리 여행지는 200만 원 대, 장거리 여행지는 300~400만 원 대(1인 기준 왕복 항공료와 기본 숙박비 포함)로 예상합니다.

Q 계절별로 가기 좋은 여행지는 어디인가요?

각 나라별로 건기와 우기를 파악합니다. 건기에 해당하는 나라가 허니문을 가기에 제일 적당하지만 이때는 성수기라 여행 경비가 비교적 많이 듭니다. 나라별 건기, 우기 기간은 아래와 같습니다.

여행지	국가	건기	우기	여행지	국가	건기	우기
코사무이	태국	2~4월	10~12월	푸켓·크라비	태국	11~4월	5~10월
보라카이	필리핀	1~5월	6~12월	세부	필리핀	11~5월	6~10월
팔라완	필리핀	12~4월	6~10월	발리	인도네시아	4~9월	10~3월
롬복	인도네시아	5~10월	11~4월	몰디브	몰디브	1~4월	5~11월
팔라우	팔라우	12~4월	5~11월	하와이	미국	가끔씩 스콜	
칸쿤	멕시코	11~4월	6~10월	괌·사이판	미국령	9~6월	7~8월
시드니	호주	5~1월	2~4월	케언즈	호주	5~1월	2~4월

Q 신혼여행, 어디로 가야 할까요?

- **휴양형** : 결혼준비로 지쳐 휴식을 원하는 부부에게 추천합니다. 대표적인 여행지로는 몰디브, 모리셔스, 사무이 등이 있으며 아름다운 자연을 즐기며 둘만의 시간을 보내기에 좋습니다.
- **관광형** : 이곳저곳 돌아다니는 것을 좋아한다면 관광형 여행지를 추천합니다. 대표적인 관광형 여행지는 유럽으로 역사와 문화를 고루 만날 수

있습니다.
- 레저형 : 다양한 해양 스포츠 활동을 하고 싶은 분들에게 추천합니다. 레저형 여행지는 다낭, 발리, 칸쿤, 하와이 등의 지역이 있으며 주로 서핑, 스노쿨링, 래프팅 등을 즐길 수 있습니다.

Q 반자유 패키지와 허니문 패키지가 있던데 무엇이 다른가요?

반자유 패키지는 자유 여행과 패키지여행 각각의 장점을 담은 상품입니다. 기본 일정은 가이드와 함께 진행하고 그 외 일정은 자유 여행처럼 마음대로 여행할 수 있습니다. 또한, 자유 일정 중에 문제가 생기면 가이드의 도움도 받을 수 있습니다. 시간 여건상 여행 계획을 짜기 힘들지만 패키지여행을 선호하지 않는 부부에게 반자유 패키지를 추천합니다.

허니문 패키지는 단체로 진행하는 일반 패키지와는 달리 4~10명의 소규모로 진행합니다. 최소 모집 인원에 상관없이 신혼부부 한 쌍만 모여도 출발할 수 있습니다. 또한, 허니문 전문 가이드 투어로 진행되어 고급 호텔에서 고급 음식을 마음껏 즐길 수 있습니다. 이 패키지는 금전적으로 여유가 있고 오붓한 시간을 원하는 부부에게 추천합니다.

웨딩홀 편

Q 웨딩홀 예산은 어떻게, 얼마나 준비하나요?

웨딩홀 예산은 대관 및 연출료, 꽃 장식, 식대로 구분합니다. 이때 식대는 하객의 축의금으로 대체하므로 웨딩홀 예산에 포함하지 않습니다. 대체로 웨딩홀 예산은 결혼준비 비용에서 약 10%로 잡습니다.

Q 예상 하객 규모는 어떻게 산출하나요?

하객의 총 인원수인 '지불 보증 인원'을 알아야 웨딩홀 계약이 가능합니다. 지불 보증 인원을 산출하기 위해서 먼저 일가친척과 지인의 인원수를 부모님과 상의합니다. 그 다음으로 신랑과 신부가 초대할 지인의 인원수를 파악합니다.

웨딩홀에선 지불 보증 인원보다 10~20% 정도 더 많은 음식을 준비하고 지불 보증 인원은 예식 한 달 전에서 보름 전까지 변경이 가능하니 여유 있게 생각합니다.

Q 폐백을 생략하고 싶어요.

결혼식 후 폐백을 드리는 것은 신부가 시댁 어르신께 인사를 드리는 전통 의식입니다. 시댁 부모님께서 허락하시면 생략해도 좋습니다.

Q 답례품은 꼭 준비해야 하나요?

답례품은 일반적으로 예식 후 식사를 못하고 가는 분을 위해 준비해 두는 품목으로 필수 사항이 아닌 선택 사항입니다. 식사 금액에 비해 음식의 구성이 부족하다면 준비해도 좋습니다.

답례품 목록

- **떡 & 화과자** : 식사 대체용으로 준비하는 경우가 많습니다.
- **와인** : 고급스러운 답례품으로 선택합니다.
- **디퓨저 & 캔들** : 실용성도 있고 고급스러워 많은 분들이 선택합니다.

웨딩드레스 편

Q 웨딩드레스 투어를 평일에 하는 게 왜 좋은가요?

예비부부 대부분이 직장인이기 때문에 웨딩드레스 샵 방문이 주말로 몰릴 수밖에 없습니다. 그래서 주말의 웨딩드레스 샵은 대기 시간이 길며 어수선한 분위기입니다. 또한, 같은 시간대에 많은 분이 웨딩드레스를 입어 보기 때문에 웨딩드레스 선택 폭도 줄어듭니다. 반면, 평일에 웨딩드레스 샵을 방문하면 차분한 분위기에서 다양한 디자인의 웨딩드레스를 입어 볼 수 있습니다.

Q 피팅 시 체형의 콤플렉스나 단점을 이야기하면 도움이 될까요?

피팅할 때 체형의 단점을 말해 주면 직원이 단점을 보완하고 장점을 부각할 수 있는 웨딩드레스를 추천해드립니다. 또한, 예식 전에 신부의 체형에 맞추어 웨딩드레스를 가봉하여 더욱더 아름다운 스타일로 연출할 수 있습니다.

Q 웨딩드레스 샵을 갈 때 챙겨야 할 물건이 있나요?

대부분의 웨딩드레스 샵은 디자인이 유출될 수 있어 웨딩드레스의 사진 촬영을 금지합니다. 그래서 방문 전에 웨딩드레스 도안을 인쇄한 후 입어 본 웨딩드레스의 디자인과 특징을 표시해 두면 웨딩드레스를 선택할 때 많은 도움이 됩니다. 또한, 웨딩 속옷을 미리 착용하면 몸매 보정을 도와줘 아름다운 웨딩드레스 라인을 연출할 수 있습니다.

Q 웨딩드레스 샵을 방문할 때 평소보다 헤어와 메이크업에 신경을 써야 하나요?

웨딩 촬영 때나 결혼식 당일에 하는 헤어와 메이크업은 평소보다 진하고 포인트가 많이 강조됩니다. 민낯이나 연한 화장을 한 채 웨딩드레스를 입어 보면 예식 날 느낌과 많이 다릅니다. 그러니 최소한의 헤어, 메이크업을 하고 웨딩드레스 샵을 방문해 주세요.

헤어, 메이크업 편

Q 신부 화장, 뭐가 다른가요?

신부 화장은 윤기 나고 섬세한 피부 표현과 지속력에 중점을 둡니다. 평소에 화장이 잘 뜬다면 기초 베이스에 집중하고 유분이 많다면 오일 프리 제품으로 지속력을 키워 줍니다. 메이크업을 받기 전 디자이너에게 자신의 피부 타입을 미리 말해 주면 그에 알맞은 메이크업 연출을 할 수 있습니다.

Q 피부 관리는 언제부터 하나요? 예식 당일 아침에 팩을 해도 되나요?

피부 관리는 이르면 이를수록 좋습니다. 요즘은 집에서도 손쉽게 피부를 관리하는 방법들이 나와 있어 굳이 피부과에 가지 않아도 됩니다. 만약 리프팅 등의 시술 계획이 있다면 적어도 예식 2~3달 전에 하기를 권합니다. 그래야 결혼식 당일 부자연스러운 모습을 피할 수 있습니다. 팩은 사람마다 다르지만 당일에 할 경우 베이스가 밀리거나 뾰루지가 생길 수 있어 예식 전날 밤에 하는 것을 권합니다. 예식 당일에는 가벼운 스킨과 로션, 수분 크림 정도만 발라 줍니다.

Q 신랑의 헤어와 메이크업은 어떻게 진행되나요?

먼저 드라이 및 스프레이로 헤어스타일 연출을 합니다. 이때, 간단한 커트를 원하면 직원에게 미리 말해야 합니다. 메이크업은 기초 베이스와 눈썹 정리, 잡티 제거 순으로 간단하게 진행합니다. 집에서 미리 샴푸를 하고 온다면 헤어, 메이크업 시간을 절약할 수 있습니다.

Q 신부의 머리는 왜 초코브라운으로 염색을 해야 하나요?

예전에는 신부의 피부 톤을 무시한 채 메이크업을 했기 때문에 그에 맞춰 헤어도 초코브라운 컬러로 통일했습니다. 그러나 지금은 각각의 피부 톤에 맞춰 메이크업을 진행하므로 일부러 초코브라운 컬러로 염색하지 않아도 됩니다. 자신의 피부색에 맞는 헤어 컬러면 충분합니다. 단, 순백의 웨딩드레스에 어울리지 않는 밝은 색이나 검정색은 피해 줍니다. 밝은 색은 사랑스럽고 차분한 느낌을 방해하고 검은색은 자칫 강한 인상을 줄 수 있습니다.

Q 몸에 타투가 있는데 가려야 하나요? 가린다면 어떻게 가리나요?

웨딩드레스를 입으면 검은색 타투가 더욱 눈에 띄어 웨딩 사진이 얼룩져 보일 수 있습니다. 이러한 이유로 살색 테이프를 이용해 가리는 것을 권합니다.

결혼 예물 편

Q 예물, 언제 준비하면 좋을까요?

예물은 본식 6~7개월 전에 준비합니다. 그동안 금 시세와 다이아몬드 시세를 살피며 최적의 시기를 기다립니다. 커플링을 착용하고 웨딩 촬영하는 예비부부도 많아 웨딩 촬영 날을 기준으로 1~2개월 전에 준비하기도 합니다.

Q 예물 상담 시간은 보통 얼마나 걸리나요?

업체마다 다르지만 대략 1~2시간가량 걸립니다. 반드시 예약을 하고 방문합니다. 방문 시간을 예약할 때 얼마만큼 걸리는 지 미리 문의합니다.

Q 진주가 정말 눈물을 상징하는 보석인가요?

진주는 은은한 광택과 청초한 이미지를 자아내 결혼식 예물로 사랑받고 있습니다. 그런데 사람들은 간혹 진주가 눈물을 상징한다고 오해합니다. 오래전 값비싼 진주를 사 줄 수 없는 시어머니들이 진주는 눈물을 상징한다고 한 말이 굳어져 지금까지 내려오게 된 것으로 진주와 눈물은 아무런 상관이 없습니다. 이왕이면 고난과 고통을 견뎌낸 가치 있는 보석이라고 생각하면 어떨까요?

Q 예물 제작 기간은 얼마나 걸리나요?

예물은 핸드메이드로 제작되며 약 한 달의 시간이 걸립니다. 한 달보다는 좀 더 이른 기간에 제품이 나오지만 검품 기간까지 모두 포함하여 넉넉하게 잡도록 합니다.

결혼 한복 편

Q 신랑과 신부의 한복을 꼭 맞춰야 하나요?

신랑은 촬영 날과 결혼식 당일 외에 한복을 착용할 일이 없어 대체로 대여를 합니다. 남성 한복은 사이즈가 넉넉하게 제작되며 품이 조금 크더라도 어색하지 않고 불편함이 적습니다. 그러나 신부 한복의 경우 촬영과 본식 외에도 시댁 첫 인사, 첫 명절, 애기 돌잔치 등 최소 5회 정도로 착용합니다. 촬영과 본식 때만 입더라도 2회 대여비와 맞춤 가격이 비슷합니다. 또한 본인의 체형과 맞지 않는 한복을 입으면 예쁘지 않아 여러 면에서 맞춤이 훨씬 효율적입니다. 맞춤 한복 구매자를 대상으로 궁중 당의, 한복 드레스와 같은 촬영용 한복을 대여해 주는 곳도 있어 다양한 컨셉의 한복 촬영을 원한다면 맞춤 한복을 추천합니다.

Q 한복 맞춤, 대여 시 결제는 누가 하나요?

일반적으로 신부의 한복은 신랑 측에서, 신랑의 양복은 신부 측에서 해 줍니다. 양가 어머님 한복은 서로 교환하는 것이 예법이지만 근래 들어 각자 해결하는 추세입니다.

Q 본견이 무엇인가요? 본견과 화학사 중에 무엇이 좋은가요?

본견은 누에고치에서 뽑은 실로 직조한 원단으로 '실크', '명주'로 부릅니다. 촉감이 부드럽고 광택이 아름다우며 기능성도 좋아 활동에 불편함이 없지만 물세탁이 어렵습니다. 본견은 오래도록 고급스러운 한복을 입고 싶으신 분들께 추천합니다. 화학사 원단은 화학 섬유로 인조비단, 물실크라고 부릅니다. 본견보다는 촉감과 광택이 떨어지지만 물세탁이 가능합니다.

결혼 예복 편

Q 예복이란?

예식을 위해 맞추는 정장을 예복이라 합니다. 원래 예복은 각종 의식 때에 착용하는 복식으로 연미복 형식이었습니다.

Q 예복을 입을 때 셔츠는 뭘 입어야 하나요?

땀 흡수가 잘 되고 피부에 부담을 주지 않는 면 소재의 드레스 셔츠를 착용합니다. 셔츠는 속옷 개념의 옷으로 셔츠 안에 따로 속옷을 입지 않습니다.

Q 수입 원단과 국내 원단의 차이가 있나요?

- **이탈리아 원단** : 이탈리아 원단으로 만든 예복은 질감이 부드럽고 드레이프성(몸의 체형에 딱 맞게 떨어지는 정도)이 우수합니다. 그러나 원단 자체의 내구성은 다른 원단에 비해 떨어지는 편입니다. 부드러운 느낌으로 가볍고 트렌디한 슈트를 원하는 분들께 추천합니다.
- **영국 원단** : 비가 자주 내리는 나라에서 생산되는 원단인 만큼 습기에 강하고 내구성이 뛰어납니다. 옷을 입었을 때 태가 딱 떨어지며 주름에 강합니다. 차분하고 클래식한 슈트를 원하는 분들께 추천합니다.
- **국내 원단** : 국내 고급 슈트의 원단 대부분은 부드러우며 가볍고 드레이프성이 좋습니다. 경제적이면서도 질이 좋은 슈트를 원하는 분들께 추천합니다.

Q 예식 후 예복 리폼이 꼭 필요한가요?

예복은 넓고 화려한 라펠과 단추를 달아 턱시도 스타일로 제작합니다. 화려한 슈트는 일상생활에서 입고 다니기에는 무리가 있습니다. 그래서 예식 후에는 예복을 리폼하여 일반 슈트로 만듭니다. 맞춤 예복이라면 추가 비용 없이 리폼 서비스를 받으실 수 있습니다.

결혼 예단 편

Q 예단 삼총사가 무엇인가요?

통상적으로 솜이불 한 채, 유기 칠첩 반상기, 은수저 두 벌입니다. 원래는 솜이불 한 채, 여름 이불 한 채, 수저 세트를 포함한 칠첩 반상기를 하는 것이 예의이나 근래 들어 간소화되었습니다.

Q 예단 이불에 들어가는 솜은 어떤 것이 좋은가요?

일반적으로 명주솜을 최고로 치지만 실용성을 따져 양모나 구스다운, 항균솜과 같은 화학사를 선택하기도 합니다. 기호에 따라 구매하는 것이니 어떤 것이 좋다고 말할 수 없습니다.

Q 요즘은 어떤 예단 이불을 선호하나요?

요즘 신혼부부는 양실 이불을 선호합니다. 양실 이불은 이불보에 지퍼가 달려 솜을 넣고 빼는 방식으로 세탁이 편하며 한실 이불에 비해 가격도 저렴합니다. 반면 한실 이불은 이불 속에 솜을 채워 넣는 방식이라 솜을 꺼낼 수 없어 세탁이 불편합니다. 그러나 전통 문양과 색상이 고급스러운 분위기를 자아내 주로 부모님 세대가 선호합니다.

Q 요즘 현금 예단도 많이 하는 추세인데 어떻게 준비하나요?

예단을 간편화하면서 많은 사람들이 현금 예단을 준비합니다. 현금 예단은 평균적으로 신혼집의 10%에 달하는 금액으로 준비합니다. 이때 현금은 신권으로 준비하고 총 금액의 앞자리와 매수는 모두 홀수로 맞춥니다. 현금은 한지에 싸서 비단과 보자기에 감아 드리지만 요즘은 봉투에 넣어 드리기도 합니다. 일반적으로 현금 예단을 받은 신랑 측이 절반의 금액을 다시 신부에게 돌려줍니다.